INVESTINDO NO MERCADO DE AÇÕES

DO BÁSICO AO BÁSICO - UM GUIA PARA VOCÊ COMEÇAR A INVESTIR

Fabio Mendes

Direitos autorais © 2021 Fabio Mendes

Todos os direitos reservados

Os personagens e eventos retratados neste livro são fictícios. Qualquer semelhança com pessoas reais, vivas ou falecidas, é coincidência e não é intencional por parte do autor.

Nenhuma parte deste livro pode ser reproduzida ou armazenada em um sistema de recuperação, ou transmitida de qualquer forma ou por qualquer meio, eletrônico, mecânico, fotocópia, gravação ou outro, sem a permissão expressa por escrito da editora.

ISBN: 9798514094851
Selo editorial: Independently published

Este livro é dedicado àquelas pessoas que querem começar a investir em ações por conta própria, que sabem o valor do seu dinheiro e por isso mesmo estão em busca de informação, conhecimento e formas conscientes de rentabilizar o seu capital.

Para vocês, uma boa leitura!

SUMÁRIO

VOCÊ QUER INVESTIR EM AÇÕES?   1

COMO COMECEI A INVESTIR NO MERCADO DE AÇÕES   3

O QUE É A BOLSA DE VALORES E OUTRAS DÚVIDAS   13

INVESTIR EM AÇÕES É ARRISCADO? POSSO PERDER TUDO O QUE INVESTI?   15
DIVERSIFICAÇÃO DE INVESTIMENTOS -   17
MAS AFINAL, O QUE SÃO AÇÕES?   19
E O QUE SÃO DIVIDENDOS?   19
ENTENDENDO A NOMENCLATURA DAS AÇÕES   21

POR ONDE COMEÇAR   24

O QUE É HOME BROKER   27
MANTENHA O CONTROLE DOS SEUS INVESTIMENTOS   28
FONTES DE INFORMAÇÃO E FERRAMENTAS - ONDE BUSCAR REFERÊNCIAS   32
RELATÓRIOS DE INDICAÇÕES DE CARTEIRA   37
PERGUNTE AO RI - RELACIONAMENTO COM INVESTIDORES   38
O QUE É FATO RELEVANTE   39

ACOMPANHAMENTO DE MERCADO   40

DIVERSIFICAÇÃO DE CARTEIRA   42
VERIFICANDO A LIQUIDEZ DOS ATIVOS   43
ANÁLISE BÁSICA DE GRÁFICOS   44
ANÁLISE BÁSICA DOS FUNDAMENTOS DAS EMPRESAS   48

OPERAÇÃO NA PRÁTICA   53

OPERAÇÃO DE COMPRA E VENDA NA PRÁTICA　　　　　　　55
CONFIGURAÇÃO DE PROTEÇÃO DAS AÇÕES EM CARTEIRA　　60

QUANTO CUSTA INVESTIR　　　　　　　　　　　　　　63

ENFIM, INVESTIR NA BOLSA VALE A PENA?　　　　　　66

AGRADECIMENTOS

Acredito que estamos todos unidos por uma energia universal inexplicável, então agradeço ao Grande Arquiteto do Universo - Deus, por ter me colocado aqui e agora, podendo compartilhar um pouco com você leitor.

Quando penso em nossa jornada, para chegar a algum lugar, vejo que muitas pessoas de forma direta ou indireta contribuíram para o resultado, sou grato a todos vocês, pois nada se constrói sozinho nesse mundo.

Também não poderia deixar de agradecer às pessoas que me ajudaram diretamente na produção deste livro, trocando ideias e revisando o seu conteúdo, minha filha Julia Mendes e os amigos Antonio Sossella e Laurine Manosso. Muito obrigado pelo tempo dedicado, pela parceria e pela amizade.

Finalmente o meu agradecimento a todos os membros do grupo Dicas do Papai, que com muita irreverência são companheiros e sérios o bastante quando o assunto é ensinar e ajudar a todos sem distinção, onde aprendo diariamente sobre todo esse universo da bolsa de valores e investimentos.

VOCÊ QUER INVESTIR EM AÇÕES?

"Você não precisa ser um expert em tudo, mas conhecer onde fica o perímetro desse círculo das coisas que você sabe e não sabe, e manter-se dentro dele, é muito importante" **Warren Buffett.**

Todas as crises econômicas que passamos em nossa história, aliadas a baixa educação financeira em nosso país, nos afastaram muito dos investimentos em ações, tornaram algo muito distante de nossa realidade. Agora, porém, com todo acesso à informação e novas tecnologias, aliados há algumas décadas com uma moeda única, sem os planos financeiros de outrora e, apesar de não gozarmos de uma grande estabilidade financeira, os investimentos em ações começaram a se popularizar, embora ainda timidamente, descortinando para muitos mais uma possibilidade de planejar financeiramente suas vidas.

Junto com o desejo de investir neste aparentemente complexo universo, vem o medo de colocar as economias geradas a tão grande custo e vê-las desaparecer de uma hora para outra. Esse é um fato que limita a grande maioria das pessoas que por desconhecimento perdem algumas oportunidades. Soma-se a esse medo, uma quantidade muito grande de novos "gurus" prometendo ganhos extraordinários, uma vida repleta de ganhos fáceis e outras formas de chamar a atenção, aliciando incautos, que na maioria das vezes só fazem perder dinheiro e alimentar ainda mais o receio nesse tipo de investimento com novas histórias que surgem a cada dia.

O investimento é algo sério, menos complexo do que parece e mais seguro do que se pode imaginar, basta fazer a coisa certa. O princípio de tudo é investir em um mínimo de conhecimento, não acreditar em ofertas milagrosas, ser consciente com o seu dinheiro e planejar sempre. Trate seu dinheiro com carinho e cuidado e ele nunca vai te abandonar. O que vem a seguir é o como com pouco investimento trilhei esse caminho partindo do zero e agora compartilho algumas das informações básicas necessárias para quem quiser começar a investir com segurança, com a visão de quem não é um profissional de mercado financeiro, mas sim um investidor como você, que tem sua ocupação, mas deseja diversificar onde colocar o seu dinheiro e procura garantir um futuro financeiramente mais tranquilo.

COMO COMECEI A INVESTIR NO MERCADO DE AÇÕES

Você já sentiu a necessidade de diversificar as suas atividades, mudar ou fazer algo diferente? Assim eu estava a alguns anos, buscando opções para ampliar meu horizonte profissional, procurando na internet por novos conhecimentos que pudessem ser aplicados aos meus negócios ou à minha vida profissional. Então me deparei com um anúncio para uma palestra sobre investimentos em ações, o anúncio dizia que era possível iniciar a partir de trinta reais. Até então meu conhecimento sobre esse mundo era restrito apenas ao que eu via nos jornais, uma mística sobre grandes ganhos e perdas homéricas como as vistas em filmes e um parco conhecimento sobre a realidade do negócio, nunca havia prestado muita atenção por não saber ser possível entrar no mercado da bolsa de valores a não ser pelos fundos de ações oferecidos pelos gerentes do banco.

Nessa palestra fui apresentado ao mundo do trade, compra e vendas de ações na bolsa de valores, e como em tantas outras palestras gratuitas, nesta também era ofertado um curso que prometia ganhos com baixo risco e investimentos a partir dos trinta reais em um sistema de alavancagem, algo que possibilitaria fazer transações na bolsa com pouco capital e que abordaremos mais tarde. Fiquei bastante interessado e curioso sobre o tema, afinal, até onde ia o meu conhecimento, somente grandes somas de dinheiro possibilitavam a compra de ações, com isso comecei a criar um novo olhar para esse universo.

Na ocasião optei por não fazer o curso e investir um tempo em pesquisas sobre o que havia conhecido naquela noite e tentar aprofundar um pouco mais meus conhecimentos, antes de tudo. Tudo o que se falou na palestra girou em torno das operações conhecidas como day trade, ou seja, compra e venda de ações dentro de um mesmo dia. Descobri que muita gente ganhava a vida fazendo esse tipo de operação e que os ganhos poderiam ser tão grandes quanto os riscos de perda.

A questão é que com pouca razão e muita emoção os investimentos facilmente se transformam em um cassino, onde você ganha algumas rodadas e junto empolgação e excesso de confiança, passa a apostar ao invés de investir, algumas perdas se acumulam e então você tenta de forma desenfreada a recuperar o capital, perdendo cada vez mais. Porém com a técnica certa, limitando tanto ganhos quanto perdas e com muita razão analítica, alguns conseguem tornar este um meio de vida.

Além de muita leitura sobre o tema, também busquei informações com conhecidos que já investiam, fui orientado a não me aventurar no day trade e a iniciar em outra modalidade menos dinâmica ou de preferência partir mesmo para os investimentos, já que eu possuía os meus negócios e não poderia despender de muito tempo para ficar o dia todo monitorando os gráficos e realizando análises e operações de compra e venda, uma vez que quem opera em day trade faz diversas negociações diariamente e precisa estar muito atento a todas as movimentações do mercado.

Falando brevemente do mercado de day trade, onde muitos trabalham de forma efetiva. As operações dentro do mesmo dia são realizadas com ações de empresas, mini contratos de dólar e contratos de índices futuros da bolsa, com compras e vendas constantes destes até atingir um objetivo financeiro estabelecido. Essas negociações podem ser alavancadas com recurso das corretoras e essa alavancagem permite que você entre com um montante de dinheiro e a corretora com outro. Uma forma de empréstimo que será devolvido no final das operações diárias. Geralmente esse valor é baseado em quanto você tem investido na corretora que opera e os empréstimos para operações podem chegar a até 20 vezes sobre o valor do seu capital. Isso permite que mesmo com pouco dinheiro o cliente possa realizar operações e galgar maior lucro financeiro sobre as compras e vendas realizadas.

No mundo do day trade existem algumas regras informais básicas a seguir com o intuito de se proteger durante essas operações, para minimizar perdas, em geral dependendo exclusivamente do racional daquele que está operando. Uma brincadeira nesse universo é a regra do 90/90/90, que diz que noventa por cento das pessoas perdem noventa por cento do seu capital em noventa dias. Pode ter certeza de que isso não é difícil de acontecer e ver o seu dinheiro indo embora pode fazer com que você acelere ainda mais o processo se tentar recuperá-lo sendo influenciado pelo seu lado emocional. Bem, meu conhecimento sobre day trade é limitado a estas observações, uma vez que optei por não trabalhar nesse tipo de operação e mesmo que sua opção seja viver disso, aconselho a não começar por esse mercado e treinar muito antes.

Como estava dizendo, conversei com alguns colegas que me orientaram a olhar o mercado de investimentos propriamente dito, a operação chamada de Swing Trade, que são as compras e vendas em prazo superior a um único dia, ou seja, comprar ações para vender amanhã, na semana que vem ou ficar com elas por um tempo na carteira de investimentos.

Também nessas conversas descobri algumas informações sobre ações que poderiam ser promissoras e o porquê disso. Essas dicas foram cruciais para que eu puxasse o pequeno fio de um grande novelo que começaria a desenrolar. Comecei a entender que aqueles códigos que pareciam de outro planeta tinham uma lógica e não eram tão complicados assim, que o mercado dá sinais constantemente sobre novas oportunidades, que com a devida razão e paciência era possível rentabilizar um capital que desaparece nas poupanças e outros investimento da vida e compreendi o que o mercado americano há décadas já sabe, se tornar sócio de empresas sólidas é um excelente negócio.

A bolsa de valores nos últimos anos vem alçando um voo até então desconhecido no Brasil, talvez pela quantidade de informações disponíveis, pela tecnologia que facilitou o acesso às pessoas físicas investirem diretamente ou pelo apelo econômico-financeiro do país que se tornou minimamente propício para esse negócio.

Hoje são milhões de CPFs cadastrados na B3, gerando um grande potencial de movimentação financeira e investimentos. No entanto o medo do desconhecido e de perder dinheiro, o pouco conhecimento sobre o funcionamento do mercado, a dificuldade de filtrar as diversas informações e transformá-las em conhecimento, faz com que boa parte dessas pessoas físicas cadastradas não realizem movimentações, deixando de aproveitar as inúmera possibilidades de geração de capital que esse tipo de negociação propicia.

Outro fato que vem contribuindo de forma genuína para os investidores de primeira viagem, são as novas corretoras, que trabalham de forma totalmente virtual e oferecem taxas de corretagem gratuitas para as operações de compra e venda de ações. Se você não está familiarizado com o processo, até bem pouco tempo atrás as operações de compra e venda de ações, em todas as corretoras, eram cobradas.

Ainda hoje, diversas delas ainda trabalham dessa forma, prestam serviços extras de relatórios e consultorias, assessoria de investimentos entre outros que até justificam a cobrança sobre as operações. Porém, da mesma forma que vem acontecendo no universo bancário, onde as fintechs estão crescendo no mercado por prestarem um serviço de qualidade com a isenção de diversas taxas tradicionais nos bancos físicos, no meio das corretoras também passamos a ter acesso a excelentes serviços, com programas para operar, conhecidos como home brokers, profissionais e estáveis que nos permitem com facilidade e segurança comprar e vender nossas ações. Isso contribuiu muito, pois permitiu o acesso ao pequeno investidor que pode agora realizar suas negociações com valores reduzidos, até sentir-se seguro para alçar voos mais altos.

Antes da corretagem gratuita era impossível comprar cinquenta reais em ações, pois as taxas de corretagem da compra e posterior venda do papel, facilmente consumiriam de 30 a 40% desse valor investido.

Eu tive a oportunidade de operar junto às primeiras corretoras com taxa zero e comprovar a sua evolução. Antes da chegada delas, como treinamento, operava virtualmente em simuladores do mercado em tempo real para aprender sem a necessidade de investir o meu dinheiro, mas com a criação das novas corretoras, os simuladores deixaram de ter grande relevância, uma vez que o risco para aprender na prática se tornou muito baixo.

Aprender no ambiente real é muito mais produtivo, uma vez que vamos ajustando o fator psicológico que envolve as negociações no mercado. Quando você aplica dinheiro virtual em simuladores, todo o capital que ganha tem uma relevância grande na sua transação, a sensação de ver a valorização dinheiro de mentira é reconfortante e te faz arriscar para ganhar mais, pois quando o contrário ocorre e suas decisões não são as melhores, o que você perde não é dinheiro e nossa mente não sente a aflição de ver o capital diminuindo. Não consideramos a perda como real.

Nos simuladores você aprende a operação, trabalhar com o home broker, realizar as compras, vendas e acompanhar as flutuações do mercado, porém não aprende a investir de verdade, pois só vai saber quais são as suas reações, o quanto a sua emoção irá mascarar a razão, quando o dinheiro de verdade estiver na mesa. Mesmo que seja o mínimo, sempre é diferente . É incrível como a percepção muda, mesmo com pequenos valores, um investimento de cem reais em ações de uma smallcap (empresas com ações de baixo valor) que possam cair pouca coisa após uma compra, nos ensina muito mais do que horas passadas em frente a um simulador. Após uma queda na cotação de algum papel que investiu, você sente, realmente, seu capital diminuindo, questiona se realizou a compra no momento errado, avalia o seu desempenho na análise que te fez colocar dinheiro naquela ação e se vê tendo que aprender a controlar o seu impulso de vender sua participação naquela sociedade, com prejuízo, e a ter paciência para esperar a valorização, se tiver a certeza de que fez a melhor escolha. É fantástico isso.

Posso contar isso, pois vivenciei essa situação na prática, após alguns meses de treinamento nos simuladores, operando no mercado com montantes virtuais de até cem mil reais, realizei investimentos de sucesso e outros muito ruins, achava que já tinha aprendido sobre as oscilações, não gastava muitas horas diárias, mas obtinha relativo sucesso, pelo menos assim julgava. Achei que estava pronto para colocar meu dinheiro real na mesa, abri minha conta na corretora e comecei a investir.

Como o capital investido era baixo, afinal o valor que eu havia colocado como verba de aprendizado, era o equivalente a metade do preço do curso sobre o trade, que optei por não fazer e sendo assim eu estava disposto a perder sem remorsos. Mas logicamente o objetivo era multiplicá-lo. Selecionei as ações que me interessavam e realizei as compras com cerca de trinta por cento do capital em cada uma delas. Peguei de cara desvalorizações, tentei operar vendas e novas compras para recuperar o prejuízo, perdi ainda mais, no final da primeira semana havia conquistado uma desvalorização de trinta por cento de meu capital. Primeira lição, treine seu psicológico, avalie racionalmente cada passo e não se deixe levar pela emoção ou pelos comentários nos grupos do Whatsapp ou Twitter. Simuladores não ensinam isso.

A operação na bolsa de valores como investidor é algo muito mais tranquilo do que as transações dos traders, ela implica na leitura do mercado, atenção às conversas e notícias e a análise das empresas que se deseja investir, no longo prazo o acompanhamento dos investimentos e algumas intervenções que o próprio mercado vai sugerindo com o passar do tempo.

Não é algo estático, mas também não precisa ser levado de forma tão dinâmica. Já passei meses sem olhar para a minha carteira por ter a segurança de que ela foi constituída de forma sólida e no final desse período os resultados foram melhores do que o esperado. Por gostar muito do assunto, sempre que tenho tempo estou na frente do home broker considerando minhas opções de investimento em ações e fazendo alterações, mas não preciso fazer isso, é uma questão de gosto, como o Tio Patinhas se realizando ao ver a caixa forte.

Bem, mas por qual motivo estou escrevendo tudo isso? Gosto muito dos investimentos e do mercado de ações, sempre que posso estou conversando, incentivando e até mesmo orientando meus amigos sobre as possibilidades que existem em aplicar parte de seu capital da forma mais segura possível e com bons rendimentos. Isso me motiva.

Geralmente eles têm a ideia de que poderão perder todo o seu dinheiro, que o mercado de ações é um bicho de sete cabeças e não serve para eles, que é necessário ter muito dinheiro para investir ou até mesmo que a bolsa de valores é um grande cassino.

Minha ideia aqui é tentar desmistificar um pouco esse processo de investimento para você que, assim como eu, não tem interesse em se tornar um especulador profissional do mercado de ações, porém deseja investir nele com consciência, pensando no futuro, seja para planejar a aposentadoria, ter maior liberdade financeira, guardar fundos para programar outros investimentos maiores ou simplesmente para proteger um pouco do seu capital e entende a importância do conhecimento para chegar a um resultado positivo. Quero contribuir para tornar esse processo mais simples e mais acessível com base na minha jornada até aqui.

Sei que existem vários cursos que as próprias corretoras oferecem aos seus futuros clientes, mas em sua maioria o foco é o trade, as operações alavancadas e a formação profissional na área e muitas vezes o conteúdo gera a desconfiança de ter alguma tendência. Também existem os investidores profissionais, os quais respeito muito, sigo-os em suas postagens e aprendo muito com eles, porém também muitas vezes são muito focados em quem já possui alguma familiaridade com o mercado de ações.

A intenção aqui é te ajudar a dar o start, o bê-á-bá do mercado, prepará-lo com a base para que dê os próximo passos de forma firme e consciente. Vamos lá?

O QUE É A BOLSA DE VALORES E OUTRAS DÚVIDAS

A cena típica que nos vem à cabeça, pelo menos se você tem mais de 40 anos, quando pensamos em bolsa de valores é a de uma multidão gritando com papéis e telefones nas mãos, em uma aglomeração ensandecida. Isso há muito não é mais uma realidade, hoje visitar a B3 é algo muito diferente dessa visão, apenas telas com gráficos e informações sobre o andamento do mercado.

As bolsas de valores em todo o mundo passaram a ser como um grande computador central, que processa as ordens de compra e venda de ações, regulamentam e garantem a conformidade dos processos do mercado gerenciando todo o fluxo, permitindo assim operações entre empresas e investidores com segurança.

A B3 é uma das mais importantes bolsas de valores do mundo, sua história passa pela união de três grandes operadoras do mercado de renda variável a Bovespa Holding, a BM&F - Bolsa de Mercadorias e Futuro e a Cetip S/A Mercados Organizados.

Inicialmente em 2008 houve a junção da Bovespa com a BM&F, formando a BM&FBovespa. Em 2017 com a intenção de desenvolver um mercado financeiro de capitais unificado, BM&FBOVESPA e CETIP uniram-se formando a B3, visando o crescimento desse mercado no Brasil.

Um dado relevante no potencial de crescimento da B3 e na força que a bolsa de valores brasileira pode ter no cenário mundial é a quantidade de investidores pessoa física no Brasil. Apesar do crescimento apresentado nos últimos anos - só em 2020 foram 1,3 milhões de novos CPFs cadastrados na B3 - ainda temos um número de pouco mais de 3% da população brasileira com investimento em ações. Comparando com os EUA, lá são aproximadamente 55% da população com dinheiro investido nas empresas S/A.

Investir em ações é arriscado? Posso perder tudo o que investi?

"O risco vem de não saber o que você está fazendo"
Warren Buffett

Esse é um ponto quase místico quando falamos em mercado de ações. Existem muitas lendas a seu respeito e sempre se fala dos extremos, seja daquele que ganhou muito e ficou milionário ou do pobre coitado que deixou todas as suas economias de uma vida e saiu no prejuízo.

A grande verdade é bem mais simples, o mercado de ações é um ambiente de renda variável, onde você pode ganhar ou perder, porém ele é regulamentado e controlado e os riscos não são tão elevados se você souber o que está fazendo.

Mas vamos esclarecer as lendas primeiro, dificilmente em operações normais você ficará milionário ou falido. Então porque existem essas lendas e qual o fundamento delas? No mercado de ações existem diversos tipos de operações, como falaremos mais adiante, entre elas o mercado de opções, onde, simplificando, o investidor compra o direito de vender ou comprar determinada ação em uma data estipulada por um valor pré-estabelecido, quando chega essa data ele pode exercer esse direito ou não, porém caso não exerça essas opções desaparecem no dia seguinte.

Vamos ilustrar essa operação, as ações da empresa X estão cotadas em R$ 5,35 na data de hoje, existe tendências de alta e de baixa no mercado, porém você sabe que existe a possibilidade de fechamento de um negócio para essa empresa, informação que você leu em algum informativo do mercado e que a possibilidade dessas ações terem uma grande alta é bem provável, então você pode comprar as opções de compra dessa ação em uma data futura pelo preço de R$ 5,80, no entanto suas projeções dizem que esta ação estará acima de R$ 7,00 na data estipulada. Nesse momento o valor dessa opção de compra está em R$ 0,30 e você resolve investir no direito da compra de 5000 ações, investindo ao todo, R$ 1.500,00. Conforme vão passando os dias, as ações da empresa X não têm a valorização esperada e as opções vão perdendo o seu valor, na data prevista a ação tem um valor menor do que o direito de compra de suas opções, que valem agora apenas R$0,01, seu dinheiro investido virou pó. O inverso em opções também é realidade e aí está o canto da sereia. Opção é o tipo de especulação para profissionais, da mesma forma que o day trade.

Em situações de operações convencionais de compra e venda de ações, perdas como as descritas no parágrafo anterior dificilmente ocorrem, bem como os ganhos astronômicos. Casos como a recente alta das ações da Magazine Luiza (MGLU3) algo em torno de 700% em pouco tempo são condições raras desses ganhos astronômicos, sonho de todos os investidores. Por outro lado, grandes perdas com o fechamento de uma empresa, por exemplo, geralmente são sinalizados com muita antecedência pelo mercado, além de existirem mecanismos de proteção, chamados de Stop Loss, que falaremos mais tarde, onde você mantém sua carteira configurada para evitar grandes prejuízos.

Então concluímos que uma carteira saudável de ações, bem configurada e gerenciada, pode render bons frutos no longo prazo, dividendos esporádicos e risco baixo para um investidor consciente. Ela poderá tranquilamente compor o seu portfólio de investimentos, ajudando na diversificação, rentabilidade e proteção do seu capital.

Diversificação de investimentos - ações não são tudo, lembre-se disso!

Aqui estamos tratando exclusivamente de investimentos em ações, porém como planejamento financeiro é fundamental dividir o seu dinheiro entre as diversas opções que o mercado dispõe. Renda fixa, Tesouro Direto, Fundos de Renda Variável, Fundos Imobiliários, Ouro entre outros estão no rol de diversificação de investimentos que você deve avaliar para proteger o seu capital, falando apenas no mercado financeiro.

É recomendável nunca entrar no mercado de ações sem ter

um fundo de emergência para garantir suas necessidades, bem como em hipótese alguma alocar dinheiro de subsistência na compra de ações, mesmo que sua intenção seja a melhor possível, como rentabilizar o dinheiro do aluguel antes de pagá-lo, por exemplo. Investimento em ações exige racionalização e você nunca conseguirá ser racional colocando sua sobrevivência financeira em jogo. O emocional sempre falará mais alto e seu prejuízo será líquido e certo.

Seu fundo de emergência poderá ser composto, por exemplo, com um montante equivalente ao valor de três a doze meses de suas despesas, dependendo de quão emergencial elas sejam e de quanto você dispõe de capital mensal. Paradoxalmente, por exemplo, suponha que você é uma pessoa que tem várias despesas adicionais e supérfluas, que podem facilmente ser cortadas em caso de necessidade, então seu fundo não precisa ser proporcionalmente tão grande quanto o de uma pessoa que tenha seus gastos básicos próximos aos valores de seus rendimentos, pois esta tem muito menos espaço para manobras financeiras e necessita de um fundo de reserva muito mais longo.

Reforço mais uma vez, nunca invista em ações o dinheiro do seu dia a dia. Comece pequeno para aprender a vá crescendo lentamente até sentir segurança nas informações que capta no mercado, na sua habilidade analítica e principalmente no seu controle emocional na tomada de decisões!

Mas afinal, o que são ações?

Uma ação é a menor divisão que compõem o capital social de uma empresa de sociedade anônima, ou seja, é o resultado da divisão do capital social estimado em N cotas de participação. Ao adquirir as ações de uma empresa você passa a ser sócio desta e conforme o tipo de ação, ter direito a voto proporcional às suas cotas de participação e também dividendos.

Conforme a oscilação no valor de mercado da empresa investida, sejam por investimentos, bons ou maus resultados, variações cambiais, entre outros tantos fatores que impactam na valoração de uma companhia, suas ações subirão ou perderão valor.

A premissa dos investimentos em ações é que, ao se tornar sócio de uma empresa, seus investimentos subam conforme o crescimento desta e sabemos que como regra geral esse é o objetivo de todas as empresas, crescer acima da média de mercado.

E o que são dividendos?

Os dividendos são uma pequena parte dos lucros que a empresa distribui entre os seus acionistas. Eles não são os únicos proventos possíveis, existem também os direitos de subscrições, bonificações e juros sobre capital próprio.

Os dividendos são pagos periodicamente com base na apuração de resultados e seus percentuais variam de empresa para empresa, sendo que as empresas listadas na B3 têm a obrigação de distribuir no mínimo 25% dos seus lucros entre os acionistas.

Toda empresa rentável distribui os lucros entre seus sócios, com os acionistas não é diferente. Após a apuração dos resultados, o conselho administrativo da empresa analisa as estratégias para a aplicação do capital no próximo exercício e define qual será o montante a ser distribuído. Empresas consolidadas e com bons resultados tendem a ter um dividend yield ou rendimento de dividendos maior que outras em expansão e que precisam reinvestir os lucros para manter seu ritmo de crescimento.

Depois da decisão do conselho sobre os valores a serem distribuídos os dados são protocolados na CVM - Comissão de Valores Mobiliários, que é subordinada ao Ministério da Fazenda e tem como objetivo normatizar, fiscalizar e desenvolver o mercado de valores mobiliários, e então divulgados publicamente, só então os valores poderão ser depositados para os acionistas.

Quando publicado o fato do pagamento dos dividendos, que é realizado com antecedência, são definidas duas datas: Data de Declaração e a Data-Ex. A primeira é referente ao dia que o pagamento será realizado, nesta data todos os que possuem ações da empresa adquiridas até a Data-ex terão direito ao recebimento. A outra data (Data-ex) é o limite máximo para a aquisição de ações para aquele que queira receber os dividendos da empresa, as aquisições realizadas após essa data não têm direito aos dividendos divulgados. Vale lembrar aqui que as ações no dia posterior ao pagamento dos dividendos terão uma desvalorização proporcional ao dividend yield pago, uma vez que esse dinheiro saiu da empresa e por consequência haverá a redução de caixa que é repassada ao valor da empresa.

Entendendo a nomenclatura das ações

As ações recebem um nome composto por letras e números (XXXX00). As letras tendem a ser mnemônicas, geralmente com partes do nome da companhia. Os números são indicações das divisões de tipos de ações classificando-as em ordinárias (ON), preferenciais (PN), opções e subscrições.

Exemplificando um nome: Magazine Luiza, a famosa e queridinha que teve supervalorização desde 2019 e fez a felicidade de milhares de investidores tem a sigla MGLU3.

Para facilitar a compreensão, vamos relacionar cada um dos números para título de conhecimento, pois praticamente todas as transações que você operará inicialmente serão em ações ON e PN.

XXXX1 - Direito de subscrição de uma ação ordinária - Nada mais é que o direito de compra de ações ordinárias da empresa dada ao acionista quando esta faz um aumento de capital, onde ele tem a opção de manter a mesma proporção do capital investido, comprando novas ações a um preço determinado. Em seu Home Broker (HB) aparecerá além das ações que compõem seu portfólio as novas subscrições que permanecerão lá durante o período determinado. Existem três possibilidades para essas ações: realizar o direito de compra das ações ordinárias, negociar as subscrições no mercado ou ao passar o prazo da subscrição elas desaparecerão.

XXXX2 - Direito de subscrição de ação preferencial - exatamente como as ações ordinárias, as preferenciais seguem o mesmo processo de subscrição.

XXXX3 - Ação ordinária (ON) - As ações ordinárias são uma das mais comuns em negociação, aquelas que dão direito a voto do acionista.

XXXX4 - Ação preferencial (PN) - As ações preferenciais são também bastante comuns, seu nome preferencial se dá pela preferência na distribuição de dividendos que estas ações têm frente às ordinárias.

XXXX5-6-7-8 - Ações preferenciais de classe diferentes - Estas são como as ações preferenciais, sem uma distinção em sua forma. A diferença fica por conta de como as empresas tratam suas características e para avaliá-la é necessário verificar o estatuto da empresa.

XXXX9 - Recibo de subscrição de ação ordinária - Ao exercer o direito de compra de uma ação ordinária, você receberá a codificação 9 como recibo da operação antes dela ser convertida ao código 3.

XXXX10 - Recibo de subscrição de ação preferencial - Funciona da mesma forma que os recibos das ações ordinárias, apenas convertendo o código 10 do recibo para o código 4 da ação preferencial.

XXXX11 - BDRs e Units - Não existe uma regra específica para a utilização do código 11, normalmente estão atreladas aos BDR's que são recibos de ações estrangeiras negociadas na bolsa brasileira e Units que são papéis compostos por mais de um ativo.

Existe também na codificação das ações a letra F após o número da ação. Mais uma vez usando o exemplo inicial MGLU3F, nesse caso estamos falando das mesmas ações ordinárias da Magazine Luiza, apenas com a diferença da possibilidade de compra fracionada. Para ser mais claro, todas as ações são comercializadas em lotes de 100 unidades, porém para facilitar o acesso a investidores menores, as ações podem ser adquiridas por frações de 1 unidade utilizando essa codificação. As ações fracionadas são o foco de quem está aprendendo e para pequenos investidores, pois possibilitam aplicar em vários papéis com baixo investimento e risco.

POR ONDE COMEÇAR

PRIMEIROS PASSOS

"Eu não invisto em ações, como essência, eu invisto em projetos empresariais com perspectivas de serem bem-sucedidos. Ação é uma maneira de participar desses projetos" Luiz Barsi

Uma boa notícia, o primeiro passo você já deu, se chegou até aqui já criou uma boa compreensão do que está por vir.

Comece se familiarizando com os papéis do mercado, suas nomenclaturas e variações ao longo do tempo. O Google é uma excelente ferramenta para uma visualização rápida da cotação e histórico e até mesmo para criar um acompanhamento diário dos números. Logo mais falaremos sobre alguns sites gratuitos, fontes de informação e ferramentas que podem te ajudar.

Monte uma planilha com sua carteira para acompanhamento do mercado, comece com um número entre cinco ou dez empresas e que estas estejam entre dois ou três segmentos de mercado no máximo. Por exemplo, você pode escolher os segmentos do varejo, energia e bancos e depois busque empresas que atuam nesses ramos. Isso torna mais fácil o acompanhamento das notícias dos setores, busca por informações e oportunidades de cada um deles, bem como a comparação de desempenho das empresas escolhidas para esse portfólio de acompanhamento.

Com o tempo e experiência você poderá adicionar novos setores e empresas em sua carteira, pois estará mais familiarizado com esses números. Tome como base empresas que você acredita serem sólidas, que atuem em mercados promissores ou que por alguma informação que tenha conseguido coletar, sugira que tenha potencial de crescimento acima da média.

Mantenha a racionalidade, isso é muito importante! Avalie com calma a sua carteira, é provável que nesse tempo em que está se ambientando com os papéis, apareçam o que julgue serem oportunidades únicas, mas lembre-se, na bolsa de valores estamos sempre tropeçando nelas e nem sempre os números são o que parecem. Não cometa o erro de agir por impulso! Você é um investidor iniciante que deve pensar em longo prazo e mesmo que seu objetivo seja logo mais tornar parte de seus investimentos em especulação, você fará isso de maneira sólida e embasada. Algumas semanas de acompanhamento serão suficientes, vale a pena esperar.

Em sua planilha de acompanhamento de mercado faça simulações e lance números que você acredita que o mercado apontará nos próximos dias, veja como está sua percepção e vá apurando seus sentidos. Leia muito sobre as empresas e segmentos escolhidos, consulte as informações da Relação com Investidores (RI) em seus sites. Isso parece trabalhoso para quem não deseja viver disso, mas vale o conhecimento. Em poucas semanas você já terá filtrado e substituído algumas de suas empresas originais, estará mais confiante sobre os números e poderá começar a tomar decisões mais assertivas.

Se agora você está se perguntando sobre como montar sua carteira, não se preocupe, logo mais trataremos sobre isso.

Ativo	Obs	Data Análise	Valor da Ação	Data da Estimativa	Valor da Estimativa	Entrada	Valor na Data
WEGE3		20/02/2021	R$ 78,00	23/02/21	R$ 79,00	R$ 78,50	R$ 79,23
WEGE3		23/02/2021	R$ 79,23	25/02/21	R$ 82,00	R$ 79,50	R$ 72,00
WEGE3	Efeito Notícia Petrobras	25/02/2021	R$ 72,00	28/02/21	R$ 69,00	R$ 0,00	R$ 71,45
WEGE3		28/02/2021	R$ 71,45	03/03/21	R$ 72,00	R$ 70,98	R$ 73,28
LJQQ3		20/02/2021	R$ 17,90	23/02/21	R$ 18,50	R$ 17,90	R$ 18,22
LJQQ3		23/02/2021	R$ 18,22	25/02/21	R$ 18,50	R$ 18,20	R$ 16,30
LJQQ3		25/02/2021	R$ 16,30	28/02/21	R$ 16,00	R$ 0,00	R$ 15,50
LJQQ3		28/02/2021	R$ 15,50	03/03/21	R$ 15,00	R$ 0,00	R$ 16,35
B3SA3		20/02/2021	R$ 53,25	23/02/21	R$ 54,50	R$ 53,20	R$ 55,32
B3SA3		23/02/2021	R$ 55,32	25/02/21	R$ 55,60	R$ 55,32	R$ 56,39
B3SA3		25/02/2021	R$ 56,39	28/02/21	R$ 58,00	R$ 56,20	R$ 54,28
B3SA3		28/02/2021	R$ 54,28	03/03/21	R$ 53,32	R$ 0,00	R$ 55,19

Em grupos de Whatsapp, Telegram e pesquisas no Twitter e Instagram você poderá se aproximar do que falam sobre ações específicas, se familiarizará e descobrirá empresas que estão sendo comentadas. Porém essas informações só servirão para que tenha acesso a mais material para pesquisar, pois, em sua grande maioria, as conversas giram em torno de especulação e boatos com embasamento emocional e repetido em manada, que muitas vezes levam a investimentos ruins. Mais adiante falaremos sobre as fontes de informações que poderão ajudar em suas pesquisas para filtrar as oportunidades de mercado.

Tenha em mente que investir em ações não é algo estático, como Tesouro Direto ou Poupança e requer algum acompanhamento e adaptações ao longo do caminho. Existem mecanismos, como stop loss e stop gain, que falaremos mais adiante e que ajudam a garantir alguma segurança, para que não haja necessidade de ficar olhando diariamente seu Home Broker. Mas tenha consciência de que periodicamente é saudável analisar o mercado, rever posições, estar atento a oportunidades que surgirão e logicamente aportar novos capitais para fazer sua carteira crescer mais e mais.

O que é Home Broker

Home Broker(HB) é a interface, por App ou programa de computador, usado para realizar as operações diretamente no mercado financeiro. Ele é oferecido por bancos e corretoras de valores aos seus clientes, para que estes, via internet, possam realizar a compra e venda de ações. Surgiu com o intuito de democratizar o acesso de investidores pessoa física às ações.

A operação é simplificada e varia muito pouco em seu formato de uma corretora ou banco para outra. Nele é possível acompanhar as cotações, realizar compras e vendas diretas ou programar valores de entrada e saída dos papéis entre outras funções.

Mantenha o controle dos seus investimentos

"Se você não pode medir, não pode gerenciar" Peter Drucker

Seguindo a orientação de um dos mestres da administração, Peter Druker, para que você possa mensurar os seus ganhos e ter a ordem exata dos seus prejuízos, é importante registrar cada movimentação realizada.

Prepare uma planilha para gerenciar seus investimentos, nela você deve colocar, além do código das ações que estão em sua carteira, a data e valor da compra e da venda, bem como os custos da operação. Todas essas informações virão descritas na nota de corretagem que sua corretora ou banco enviarão para você. Mantê-las organizadas facilitará a sua vida na hora de realizar a declaração do imposto de renda, obrigatória a todos os que têm investimentos em ações, tributáveis ou não (falaremos sobre tributação mais tarde).

Esta planilha também o ajudará a manter o foco no objetivo final, que é aumentar o seu capital. Na bolsa temos duas opções para isso e o melhor de tudo é que as duas podem andar juntas. Valorização de patrimônio com o aumento do valor de mercado das empresas (o principal) e o pagamento de dividendos e bônus (se tiver esse melhor ainda).

A planilha abaixo é apenas um exemplo de como você pode montar, de forma simplificada, o controle de seus investimentos. Nela é possível visualizar facilmente as posições em aberto (ações que estão na carteira) e as liquidadas, os custos envolvidos, margem realizada e a data de cada operação.

Além de poder criar uma planilha mais completa, com informações complementares e dashboards que facilitam a visualização, também existem programas que auxiliam esse controle e até mesmo realizam o cálculo de IR se for o caso. Não importa a forma, o importante é manter o controle.

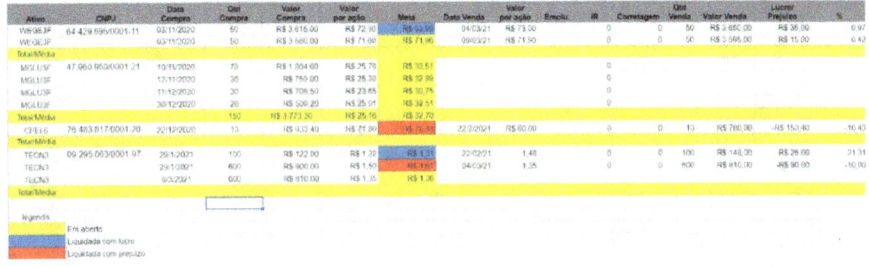

INVESTINDO NO MERCADO DE AÇÕES

Ativo	CNPJ	Data Compra	Qtd Compra	Valor Compra	Valor por ação	Meta
WEGE3F	84.429.695/0001-11	03/11/2020	50	R$ 3.615,00	R$ 72,30	R$ 93,99
WEGE3F		03/11/2020	50	R$ 3.580,00	R$ 71,60	R$ 71,96
Total/Média						
MGLU3F	47.960.950/0001-21	10/11/2020	70	R$ 1.804,60	R$ 25,78	R$ 33,51
MGLU3F		12/11/2020	30	R$ 759,00	R$ 25,30	R$ 32,89
MGLU3F		11/12/2020	30	R$ 709,50	R$ 23,65	R$ 30,75
MGLU3F		30/12/2020	20	R$ 500,20	R$ 25,01	R$ 32,51
Total/Média			150	R$ 3.773,30	R$ 25,16	R$ 32,70
CPEL6	76.483.817/0001-20	22/12/2020	13	R$ 933,40	R$ 71,80	R$ 76,03
Total/Média						
TECN3	09.295.063/0001-97	29/1/2021	100	R$ 122,00	R$ 1,22	R$ 1,31
TECN3		29/1/2021	600	R$ 900,00	R$ 1,50	R$ 1,61
TECN3		8/3/2021	600	R$ 810,00	R$ 1,35	R$ 1,36
Total/Média						

legenda:
Em aberto
Liquidada com lucro
Liquidada com prejuízo

Data Venda	Valor por ação	Emolu.	IR	Corretagem	Qtd Venda	Valor Venda	Lucro/Prejuízo	%
04/03/21	R$ 73,00			0	50	R$ 3.650,00	R$ 35,00	0,97
09/03/21	R$ 71,90			0	50	R$ 3.595,00	R$ 15,00	0,42
			0					
			0					
			0					
22/2/2021	R$ 60,00			0	13	R$ 780,00	-R$ 153,40	-16,43
22/02/21	1,48			0	100	R$ 148,00	R$ 26,00	21,31
04/03/21	1,35			0	600	R$ 810,00	-R$ 90,00	-10,00

Fontes de informação e ferramentas - onde buscar referências

"O modo como você reúne, administra e usa a informação determina se você vencerá ou perderá."
Bill Gates

Uma grande vantagem do mundo em que vivemos é que a informação é vasta e disponível, basta saber buscá-la, pois não existe assunto que não se possa ao menos saber o mínimo necessário. Com os investimentos em ações não é diferente, existem diversos sites e ferramentas (muitas gratuitas) que podem ajudar a conhecer, aprender e decidir sobre os papéis e as empresas.

Vamos falar aqui de alguns especificamente, porém todos eles têm seus concorrentes e basta uma pesquisa rápida para encontrar novas figuras desse mercado e descobrir qual fornece a informação mais adaptada ao seu gosto e propósito.

A primeira fonte de informação, provavelmente virá da corretora que você escolher, por meio de relatórios periódicos com algumas informações sobre algumas apostas de mercado que seus analistas julgam ser interessantes. Lembre-se que nenhum relatório ou análise traz consigo um selo de garantia de que aquela compra ou venda sugerida trarão lucros, porém eles servem muito bem para contribuir com sua investigação.

Sites de informação do mercado financeiro, como Infomoney, Money Times, Valor Econômico e Suno Research fornecem um vasto conteúdo gratuito, além de terem geralmente assinaturas acessíveis com informações que podem contribuir muito com o levantamento para sua carteira de acompanhamento. Lembre-se sempre de que as melhores informações e possibilidades de bons investimentos estão sempre escondidas nas entrelinhas das matérias. Manchetes e dicas de capa geralmente já são oportunidades passadas. Também vale lembrar que parte dessas publicações são influenciadas pelas corretoras de valores, que têm interesse na movimentação do mercado, então parcimônia e pesquisa em mais fontes antes de tomar qualquer decisão, nada de euforia.

O Google, como sempre, é uma ferramenta universal, desde a pesquisa de informações sobre determinada companhia até relatórios diários em seu celular sobre suas ações preferidas. Ele é uma fonte interessante de pesquisa rápida para saber a cotação das companhias e seus históricos, bastando digitar o código da ação que deseja pesquisar, no resultado você já terá a cotação (geralmente com atraso de 15 minutos), o gráfico com o histórico da ação, além de informações sobre a empresa pesquisada. Ele também permite que você siga as ações, enviando os relatórios de fechamento do pregão todos os dias. Para quem é somente investidor e não tem tempo de acompanhar constantemente é uma ferramenta muito útil.

As corretoras fornecem os gráficos em tempo real em seus HBs, porém algumas vezes são limitados e em outras são complicados de usar. Algumas ferramentas profissionais como o Profitchart oferecidas por algumas de forma gratuita ou não, são bastante complicadas para o investidor iniciante e principalmente para aquele que não deseja trabalhar profissionalmente nesse mercado. Por isso existem opções de acompanhamento em paralelo ao seu banco ou corretora, com acesso rápido e visual facilitado, como o é caso do TradingView (br.tradingview.com). Ele fornece em sua versão gratuita com anúncios, algumas ferramentas com limitação e delay com relação à bolsa, excelente para testar e até mesmo realizar investimentos de longo prazo, onde esse delay tem menor influência. Utilize a opção de gráfico completo, configure algumas ferramentas e acompanhe suas ações (uma de cada vez na versão grátis). Na versão paga o atraso é eliminado e as ferramentas liberadas.

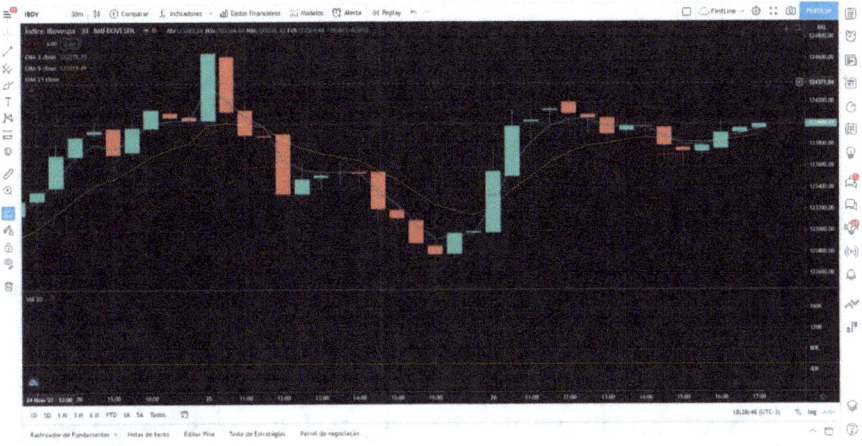

Um site que julgo ser fundamental, sem criar trocadilho, é o Fundamentus (www.fundamentus.com.br), nele você poderá acompanhar informações condensadas sobre as empresas listadas na B3. O site apresenta um conjunto de informações financeiras e índices que ajudam muito na hora de decidir em quais ativos investir. É possível na mesma tabela ver os resultados patrimoniais, de lucro, retorno, endividamento, valor da empresa entre outras, que combinadas e bem analisadas dão um panorama seguro para a tomada de decisões (mais à frente analisaremos essas informações mais detalhadamente).

No próprio site da B3 também é possível acompanhar os gráficos das ações e as informações de cada empresa.

Diversos especialistas estão nas redes sociais, Instagram, Twitter, Youtube e podem fornecer várias dicas sobre o momento do mercado e boas opções de compras. Mas muita atenção, a controvérsia entre os diversos influenciadores mostra a volatilidade, tanto do mercado quanto das análises feitas por eles.

Nos grupos de Whatsapp e Telegram também é possível pinçar boas dicas, muitos deles são direcionados a papéis específicos e a maioria não tem base técnica, apenas especulativa sobre o que está acontecendo, mas sempre existe aquele com um grupo de pessoas com interesse comum e construtivo que vale a pena pertencer. Mais uma vez coloque a regulagem do seu filtro mental em nível hard e utilize da melhor forma possível essas informações, analisando tudo com critério e não acreditando na possibilidade de ganhos miraculosos.

Por fim, todas as matérias de jornais, sites de notícias e outras publicações podem conter informações úteis para a escolha dos seus investimentos. Desde as questões globais até aquelas extremamente segmentadas, podem ser relevantes e influenciar desde um papel específico até mesmo a bolsa como um todo. Este é um dos motivos para que a minha recomendação seja a de trabalhar em grupos de negócios restritos a alguns segmentos, pois fica mais fácil acompanhar e identificar essas oportunidades quando se está focado.

Relatórios de indicações de carteira

Você certamente já viu alguma propaganda da Empiricus falando sobre como as indicações de investimentos de sua empresa geraram valorização para seus clientes. Existem várias empresas, corretoras e especialistas que realizam estudos sobre os potenciais investimentos, não somente no mercado de ações, mas também em um espectro muito maior de possibilidades e vendem essas informações, muitas vezes contribuindo para o sucesso financeiro de seus clientes.

Se você não tem interesse, tempo disponível ou mesmo habilidade para escutar o mercado, ler as publicações sobre o universo empresarial e político que afetam as movimentações da bolsa, ou mesmo quer ampliar as possibilidades aliando o seu conhecimento com outros estudos realizados por equipes especializadas, a associação a uma dessas empresas pode ser considerada uma boa opção.

Os relatórios são formados por indicação de ações a serem colocadas ou retiradas das carteiras, informando valores de entrada e de saída, no lucro ou no prejuízo. Embora sejam baseadas em estudos, o mercado é soberano e varia de acordo com o humor de seus investidores, então não há garantias, mas muitas dessas empresas têm um alto índice de acerto.

Pergunte ao RI - Relacionamento com Investidores

Possuir uma área de RI - Relacionamento com Investidores, é uma obrigatoriedade imposta pela CVM - Comissão de Valores Mobiliários, a todas as empresas de capital aberto com ações negociadas na bolsa de valores e tem como objetivo reunir, manter e disponibilizar as informações sobre a empresa de forma pública, além de monitorar se as respectivas normas estão sendo cumpridas.

Para ter acesso a informações como balanços, resultados entre outros, como os fatos relevantes publicados, basta acessar o site da empresa, lá estarão disponibilizadas estas e outras matérias, que a critério do RI, possam colaborar no processo de decisão e incentivar novos investimentos. Logicamente nem todas as empresas possuem bons departamentos de RI, que entendem a importância e cumprem com eficiência a tarefa de informar seus investidores.

Caso as informações disponibilizadas pela empresa não estejam completas ou ainda permaneçam dúvidas sobre alguma questão não abordada nos relatórios disponibilizados, o investidor pode contatar diretamente o departamento e solicitar informações complementares.

O que é Fato Relevante

Você já deve ter ouvido falar no termo Fato Relevante, trata-se de uma publicação realizada pela empresa através do RI para comunicar mudanças, aquisições, novos investimentos ou desinvestimentos, entre outras coisas que tenham ou possam ter um impacto significativo na operação e na valoração da empresa e por sua vez afetar diretamente no valor das ações no mercado.

Quando tal fato vem de relações externas com o mercado, normalmente a comunicação vem depois de uma precificação das ações, pois os investidores estão sempre atentos a estas movimentações e buscam se antecipar às variações futuras. Publicações de sites, jornais e revistas já deverão ter especulado sobre o assunto e os menos informados estarão se questionando sobre a variação de valor da ação e então o fato relevante virá justificar o que já aconteceu. No entanto, quando o ocorrido é interno à companhia, é mais difícil acontecer o vazamento da informação e a comunicação torna-se o gatilho para uma possível variação.

ACOMPANHAMENTO DE MERCADO

MONTANDO A BASE DA SUA CARTEIRA

"Investir é uma arte, e o investidor precisa desenvolver a sua técnica, como faz todo artista"
Gustavo Cerbasi

Uma boa prática para investir corretamente é acompanhar a movimentação das empresas que são mais atraentes aos seus olhos de investidor.

Inicialmente você tem um universo inteiro à sua frente com infinitas possibilidades, porém logo começará a filtrar e segmentar o mercado, deixando à vista somente o que lhe é mais familiar e que julga ter maiores chances de sucesso em sua carteira.

Cada segmento do mercado tem suas particularidades, sazonalidades, sensibilidade a determinadas ações externas, entre outros fatores e a menos que você seja uma pessoa dotada de um dom especial, não conseguirá acompanhar todas estas variações em todos os segmentos, então a sugestão é que seu primeiro filtro esteja justamente em limitar este número em sua base.

Definidos os setores, busque pelas empresas em cada um deles, diversifique com foco no perfil da carteira que deseja montar. Se sua busca é por dividendos, procure pelas melhores pagadoras, se é por segurança de capital a longo prazo, coloque no seu radar as empresas sólidas e tradicionais, se pretende uma valorização mais rápida do seu capital sabendo da necessidade de realizar mais operações e dos riscos envolvidos, coloque algumas Small Caps em sua lista.

Nossa tendência pela curiosidade, inerente ao ser humano, é de querer colocar todas as ações da bolsa de valores sobre a nossa observação, quanto mais lemos notícias mais vemos outros segmentos e oportunidades piscando como letreiros dizendo "Invista Aqui", porém esse canto da sereia tira o foco, principalmente para aqueles que somente desejam ser sócios de algumas empresas e ter o seu capital rentabilizando ao longo dos anos.

Não estou dizendo que a sua carteira de acompanhamento deva ser rígida e nunca mudar, pelo contrário, o mercado é dinâmico e as coisas mudam constantemente e se adaptar a essas mudanças é necessário. Porém também é necessário limitar ao que sua atenção deverá ser dedicada, ter uma base de acompanhamento do tamanho que você possa visualizar rapidamente as mudanças que estão acontecendo e saber quando entrar e sair de determinadas situações. Eu opero com no máximo vinte empresas no meu radar e sei as variações de valores delas, retiro as que estão se tornando obsoletas para minha estratégia e incluo novas potenciais para começar a acompanhar.

Diversificação de carteira

O que é preciso ter em mente, como investidor, é que investir em ações é se tornar sócio dessas empresas. Saber o que está acontecendo com sua empresa e seu mercado é essencial para o sucesso dos negócios. Não que você terá o poder de influenciar nas empresas investidas, mas que você saberá a hora de sair de um negócio ou de aportar mais capital nele.

O ditado de não colocar todos os ovos na mesma cesta é uma regra de quem deseja proteger seus investimentos, porém você não o protegerá mais se colocar um ovo em cada cesta, explico: não há como você manter-se informado sobre muitas empresas ao mesmo tempo, então diversifique sem perder o controle.

Tenha objetivos claros, seja paciente e pense a longo prazo! Você não terá controle ou conseguirá acompanhar as informações de muitas empresas, então mantenha o foco e a carteira ajustada de forma que possa saber o que está acontecendo com cada uma delas. Uma diversificação de investimento em cinco empresas é mais que suficiente para proteger seu capital e garantir que você possa acompanhá-las sem perder o foco em suas atividades cotidianas.

Verificando a liquidez dos ativos todo vendedor precisa de um comprador

Um ponto chave para qualquer comerciante é saber se existirá demanda para as suas mercadorias. No mercado de ações não é diferente. Ações que são compradas e vendidas aos milhares todos os dias tem liquidez e em situações normais é como ter dinheiro na mão.

Ao escolher empresas para colocar em sua carteira de ações, esteja atento às suas movimentações no dia a dia, se elas são constantes ou acontecem apenas em situações específicas. Logicamente todas as ações têm alguma movimentação diária, no entanto aquelas que apresentam baixos índices podem ser um problema em um momento de baixa repentina do mercado, como aconteceu recentemente na explosão da COVID19 em março de 2020, onde em poucos dias as ações caíram vertiginosamente. Nesse caso, papéis de baixa movimentação podem se tornar micos na mão e não ter compradores sem que haja um grande prejuízo.

Não estou dizendo que não se deva investir em papéis com pouca liquidez, mas que esses investimentos sejam feitos com cuidado e com uma pequena parcela do seu capital. De preferência a ações com maior liquidez para garantir uma capitalização rápida em caso de necessidade.

Para verificar essa informação, você verá em seu HB quantas ações estão sendo negociadas diariamente, compare umas com as outras, analise dentro de sua carteira quais são as que têm maior movimentação e se esta está mantendo certa constância.

Análise básica de gráficos

Não, meu objetivo aqui não é dar uma aula sobre análise de gráficos, mesmo porque não sou especialista nisso, mas apenas transmitir o conhecimento de que existem formas de antever movimentações e que se você tiver interesse e pesquisar, aprenderá com o tempo a analisar alguns gráficos para aproveitar oportunidades de entrada e antecipar movimentos de saída.

A bolsa de valores A bolsa de valores antes de tudo é composta por pessoas, são elas que fazem as movimentações e mesmo hoje com diversos robôs programados atuando no mercado, ainda assim eles também são programados por alguém e seguem alguns padrões. Mas esquecendo dos robôs e focando nas pessoas, com o aumento de CPF´s atuando no mercado, também passou a ter uma tendência de aumento nas operações emocionais e mesmo desconsiderando esse fato, a bolsa sempre teve muito de sua movimentação baseada em decisões não racionais de seus investidores. Então, muitas vezes, é possível prever alguns movimentos que acontecerão, analisando certas formações de padrões nos gráficos e volumes de compra e venda de ações.

Primeiramente, entendendo um pouco do gráfico de Candle, (vela em inglês em função do seu formato), o mais usado no mercado de ações, nele você verá barrinhas verticais com um risco alongado para cima e para baixo, geralmente nas cores vermelha e azul. Esse gráfico pode ser configurado para um determinado intervalo tempo de análise, por exemplo a cada hora, onde ele fará a conclusão desse período sinalizando as cotações mínimas e máximas ocorridas e marcará também a abertura e fechamento daquele período. Os candles vermelhos marcam os intervalos que fecharam com índice negativo, enquanto os azuis marcam os período positivos. O topo do candle azul marca o valor de fechamento do período, no candle vermelho esse valor fica na base da barra. A linha que fica acima e abaixo da barra mostra a flutuação das negociações no período, enquanto a barra mostra a abertura e fechamento.

Os analistas grafistas têm uma série de padrões de observação e ferramentas que ajudam a realizar as suas previsões. Vou explanar apenas sobre a qual julgo ser a mais simples delas para quem está iniciando, que é a visualização das médias móveis exponenciais.

A análise dessas médias é uma ferramenta útil que pode ser configurada em alguns HBs e também no Tradingview. Nela você regula três ou quatro médias aplicadas a períodos diferentes do gráfico. Eu costumo usar as médias programadas em 3, 9, 21 e 50 períodos. Você verá as linhas dos gráficos cruzando umas com as outras, possibilitando assim a observação de alguns padrões que ajudam na previsão da movimentação dos próximos períodos.

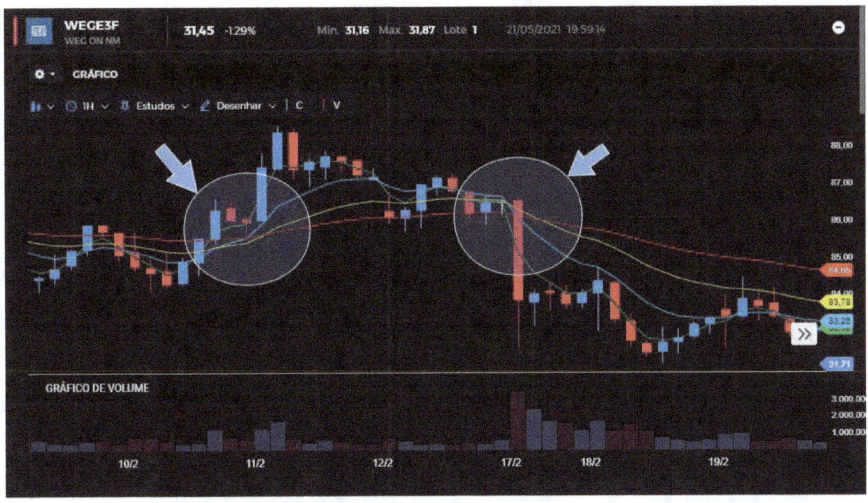

Note, no gráfico acima, o cruzamento das linhas das médias. Quando os períodos menores de média (3 - linha cinza, 9 -linha amarela e 21 - linha verde) cruzam as médias de período maior (50 - linha vermelha) para cima existe uma tendência de alta no valor da ação, o contrário ocorre no cruzamento para baixo. Essa verificação deve ser feita em tempos diferentes (5 e 15 minutos, 1 hora, 1 dia) dependendo do objetivo do estudo.

Analisar os gráficos com essas ferramentas, somado à visualização dos volumes de compra e venda, pode ser um indicativo para a tomada de decisões.

É lógico que a explicação acima é apenas o exemplo mais simples de uma análise de gráficos que pude pensar e explanado de forma extremante sucinta. Existem centenas de formas e padrões que são analisados, estudos matemáticos e formações gráficas que guiam investidores profissionais em suas tomadas de decisão. Somente isso já é tema para um livro.

Este é um campo de estudos bastante vasto, porém como falado no início deste capítulo a intenção era mostrar a existência dessa análise, no entanto, com essas poucas informações, um pouco de estudo e com a sensibilidade adquirida observando as movimentações, já é possível realizar bons negócios.

Análise básica dos fundamentos das empresas

A análise fundamentalista é outra forma de verificar o potencial das ações das empresas, se estão caras ou baratas, como está a sua saúde financeira e sua valorização no mercado. No pensamento de investimento em longo prazo, ela é muito mais importante que a análise gráfica. Particularmente utilizo a análise de gráficos para determinar o melhor momento para entrar em uma ação que previamente fiz uma análise de fundamentos.

Um pouco de conhecimento contábil/financeiro pode ser útil para olhar esses números, mas não é obrigatório. Através de algumas combinações de valores já é possível tomar algumas decisões acertadas. Fazendo um paralelo com uma área que é totalmente estranha aos meus conhecimentos, é como pegar aquele exame de sangue que seu médico mandou fazer, você não entende nada sobre índices de gordura, leucócitos ou seja lá mais o que contenha nesses exames, mas existem valores de referência que colocam o seu resultado dentro ou fora da normalidade e já são suficientes para você ter uma noção de como anda seu corpo. Lógico que a combinação de todos aqueles fatores determinam muito mais para o profissional, mas você já não ignora 100% dos resultados.

Então vamos tentar entender aqui os principais índices e o que significam, utilizando por base as informações coletadas no site da Fundamentus.

INVESTINDO NO MERCADO DE AÇÕES

Papel	TECN3		Cotação	1,31
Tipo	ON NM		Data últ cot	08/03/2021
Empresa	TECHNOS ON NM		Min 52 sem	0,95
Setor	Tecidos, Vestuário e Calcados		Max 52 sem	2,15
Subsetor	Acessórios		Vol $ méd (2m)	1.755.410
Valor de mercado	102.843.000		Últ balanço processado	30/09/2020
Valor da firma	188.642.000		Nro. Ações	78.506.000

Oscilações		Indicadores fundamentalistas			
Dia	-6,07%	P/L	-0,98	LPA	-1,33
Mês	-9,03%	P/VP	0,33	VPA	3,99
30 dias	-6,76%	P/EBIT	-22,11	Marg. Bruta	44,4%
12 meses	-40,72%	PSR	0,44	Marg. EBIT	-2,0%
2021	0,77%	P/Ativos	0,16	Marg. Líquida	-45,2%
2020	-63,89%	P/Cap. Giro	0,47	EBIT / Ativo	-0,7%
2019	46,34%	P/Ativ Circ Liq	3,81	ROIC	-0,9%
2018	-30,70%	Div. Yield	0,0%	ROE	-33,4%
2017	-1,39%	EV / EBITDA	-22,32	Liquidez Corr	2,67
2016	9,09%	EV / EBIT	-40,56	Div Br/ Patrim	0,55
		Cres. Rec (5a)	-9,8%	Giro Ativos	0,36

Dados Balanço Patrimonial			
Ativo	636.539.000	Dív. Bruta	170.886.000
Disponibilidades	85.087.000	Dív. Líquida	85.799.000
Ativo Circulante	350.099.000	Patrim. Liq	313.466.000

Dados demonstrativos de resultados			
Últimos 12 meses		Últimos 3 meses	
Receita Líquida	231.353.000	Receita Líquida	66.869.000
EBIT	-4.651.000	EBIT	10.608.000
Lucro Líquido	-104.644.000	Lucro Líquido	3.688.000

1- Oscilações - Apresenta as variações das ações ao longo do tempo, aqui é possível ver variação percentual do valor da ação praticado nos dados períodos.

2- Indicadores fundamentalistas - Esses índices dão o norte sobre a liquidez da empresa, suas margens e potencial de retorno financeiro.

3- Balanço patrimonial - Números da empresa que dão um panorama sobre a saúde financeira.

4- Demonstrativos de resultados - Permite avaliar a evolução da empresa no comparativo anual com o último trimestre divulgado.

Especificando melhor alguns dos principais itens:

P/L - Preços sobre resultado, a principal análise sobre esse indicador é se a ação está cara ou barata com base no lucro da empresa. Seu cálculo é realizado dividindo a cotação pelo lucro por ação (LPA). Quanto mais baixo, em teoria, mais barata está aquela ação. Mas lembre-se, essa comparação só é válida quando feita com empresas do mesmo setor.

LPA - Lucro por Ação (LPA=Lucro Líquido/Quantidade de Ações)- Determina o lucro que a empresa gera para cada ação comercializada, ou seja, quanto maior o LPA mais atrativa deve ser a empresa, porém esse índice não deve ser utilizado de forma isolada, sem levar em consideração outros indicadores, que também devem apresentar resultados satisfatórios.

P/VP - Preço sobre o Valor Patrimonial, ou seja, o preço que cada ação cobre sobre os ativos da empresa, desconsiderando os ativos intangíveis. De um modo geral, um P/VP menor que 1,5 deve ser um indicador positivo para investimento.

ROE - Indica o retorno percentual sobre o capital investido, demonstra a remuneração da empresa para seus acionistas.

Valor de Mercado - Número de Ações X Cotação - Indica

o valor que o mercado está precificando a empresa. Esse valor deve ser comparado com o Patrimônio Líquido da empresa, que é a composição de todos os ativos e passivos. Uma empresa com boa reputação no mercado é geralmente negociada acima do valor de seu patrimônio líquido.

Vale lembrar que nem um indicador isolado é suficiente para a análise de um papel, é importante levar em consideração o máximo número de variáveis e informações no intuito de encontrar bons negócios.

Podemos usar a empresa TECN3 da imagem como exemplo, se analisados isoladamente, vemos uma empresa que teve alta desvalorização no cenário apresentado, com retorno negativo aos acionistas, com reputação baixa dada a informação de sua precificação no momento, seu V/PV abaixo do recomendado, ou seja, indicadores apontando negativamente para o investimento. Porém, com uma leitura mais aprimorada e adicionado um pouco de informação, descobrimos se tratar de uma empresa em recuperação judicial em que as desvalorizações deixaram suas ações abaixo do seu valor patrimonial, buscando novos dados junto ao RI da empresa, novas informações mostram potencial de ajuste financeiro e possível pagamento das dívidas renegociadas, o que em médio prazo pode significar a valorização das ações acima da média, pelo menos até a equiparação ao valor patrimonial da mesma, então cabe agora ao investidor analisar se o risco deste negócio é ou não adequado para ele.

OPERAÇÃO NA PRÁTICA

"Um perito é alguém que cometeu todos os erros possíveis em uma determinada área" Niels Bohr

Agora seguiremos para a parte prática do investimento, a primeira coisa a fazer é abrir uma conta em uma corretora ou então habilitar o Home Broker de seu banco. Mas atenção, a maioria dos bancos convencionais cobra taxa de corretagem e isso para quem está começando, com um pequeno capital para fins de aprendizado, torna o processo proibitivo. As fintechs como Banco Inter e Next já disponibilizam suas plataformas com taxa zero de corretagem. Diversas corretoras também operam da mesma forma, com alto índice de confiabilidade.

Depois de escolhida a corretora ou banco é hora de transferir o capital que usará para operar. Lembre-se, corretora não é banco, então não deixe seu capital parado lá. Quando você realiza a compra das ações, seu processo passa a ficar internalizado na B3 e suas ações, mesmo que haja qualquer problema com a sua corretora, estarão seguras. Porém com os valores financeiros depositados esperando a compra de ações não é assim, caso haja algum problema com a sua corretora seu dinheiro depositado estará descoberto, por isso é muito importante prestar atenção às suas movimentações e não deixar o capital parado. Se sua opção for a de operar pelo seu banco, fique tranquilo.

O processo de abertura da conta varia de corretora para corretora, mas nenhuma é muito complexa, a transferência pode ser feita por TED ou DOC, bastante simples.

Como os HBs são relativamente similares, principalmente no segmento das corretoras com taxa zero, utilizaremos o HB da corretora Clear como exemplo, algumas variações podem ocorrer, mas em linhas gerais as informações serão as mesmas.

Ao acessar a sua conta depois de todo o processo de cadastro e transferência concluídos, procure pela opção de renda variável - swing trade.

Como regra geral os bancos e corretoras já colocam alguns papéis em seu HB para que você possa acompanhar, normalmente estarão lá a Petrobrás, Vale do Rio Doce, alguns bancos ou quaisquer outras que sejam bastante comuns e de conhecimento público. Ali você verá a cotação do dia e as movimentações se você estiver acessando dentro do horário do pregão.

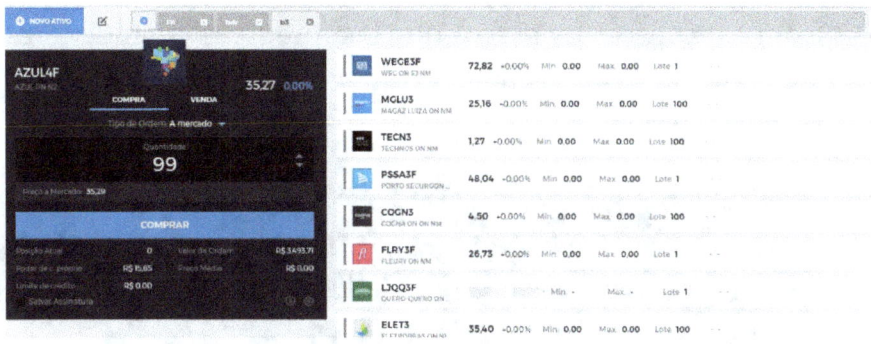

Encontre no seu HB o botão para adicionar novos ativos e comece a cadastrar a sua carteira de acompanhamento. Organize-o da melhor forma para seu acompanhamento, seja pelo segmento ou pelo que deseja mais em sua carteira, fica a seu critério.

Operação de compra e venda na prática

Agora você já deve ter acompanhado suas ações por algumas semanas, realizado simulações, já tem uma preferência definida de quais empresas deseja investir e sabe que é hora de colocar o negócio para rodar.

No seu HB selecione a opção de Book de Ofertas clicando sobre a ação que deseja comprar. Haverá duas colunas, uma com a movimentação de compra e a outra de venda, com os respectivos preços que compradores e vendedores desejam por seus ativos, bem como o valor da ação naquele momento.

Ao selecionar uma das opções de venda de ações abrirá para você uma tela com a negociação para sua configuração. No caso da figura abaixo foi selecionada a ação da WEGE3F - WEGE em negociação fracionada, vamos ver quais outras informações temos nessa tela:

Tipo de Ordem - Aqui falaremos apenas do tipo Limitada. Significa que a ordem de compra será executada a partir do momento que a ação esteja de acordo com o valor estipulado no preço limite.

Quantidade - Número de ações a serem compradas por essa ordem.

Preço Limite - Valor que você deseja colocar a sua ordem de compra, no exemplo a ação está com preço de R$ 72,81 e as análises que você fez durante o seu acompanhamento sugerem que deve comprar essa ação por R$ 71,00 nos próximo cinco dias, então esse será o seu preço limite e se as ações da WEGE chegarem a esse preço sua ordem será executada.

Validade - Determina a data até onde sua ordem poderá ser executada. No nosso exemplo falamos que esta ação chegaria a R$ 71,00 em cinco dias, então essa seria a data limite para essa ordem, caso atinja essa data e a ordem não tenha sido executada ela deixa de existir.

Posição atual - Indica quantas ações daquela empresa você já tem disponível na sua carteira, no caso do exemplo, o investidor já tem 50 ações da companhia.

Valor da ordem - Indica qual o valor você deverá possuir para colocar aquela ordem de compra, ele é a multiplicação da quantidade pelo valor proposto para compra. Você deve possuir esse valor em caixa para colocar essa ordem e o mesmo ficará reservado e indisponível para outras negociações até que a ordem seja executada ou cancelada.

Poder de capital próprio - Refere-se ao valor que você dispõe em caixa liberado para executar aquela ordem, no caso do exemplo o investidor tem apenas R$ 15,65, o que impossibilitaria a execução e a ordem não seria aceita.

Limite de crédito - Funciona mais ou menos como um cheque especial dentro da corretora, você poderá investir com o crédito, mas deverá devolvê-lo com juros caso utilize por mais de um dia.

Ao configurar o preço limite, data e quantidades

adequadas ao capital que dispõe para a compra das ações, basta clicar em comprar, inserir sua senha e confirmar a operação.

O processo de venda funciona de forma similar ao de compra, com a diferença de que é necessário ter as ações em seu poder para que possa vendê-las.

Configuração de proteção das ações em carteira

As configurações de Stop Loss e Stop Gain são formas de automatizar e proteger suas operações, principalmente sobre as ações que já estão em sua carteira.

Essa função é útil a todos os investidores, mas principalmente para aqueles que não podem ou não querem acompanhar o mercado constantemente. Imagine o seu pânico em estar de férias com sua família e por algum motivo descobrir que algum desastre do mundo derrubou as bolsas em mais de 50%. Você certamente não ficaria tranquilo em saber que todos os seus investimentos em ações estariam despencando. Com as configurações adequadas, ao acontecer uma queda abaixo dos níveis aceitáveis por você, seu patrimônio estará protegido sem que precise ficar acompanhando a todo o momento como estão os números.

Funciona da seguinte forma, você tem suas ações e determina quais são os lucros que deseja e os prejuízos que aceita em um dado período, caso os valores de mercado cheguem a esses limites, suas ações automaticamente serão colocadas à venda.

Trataremos aqui da configuração mais básica para a opção de vendas como forma de proteger o patrimônio.

Uma vez que possua as ações em sua carteira e as mesmas ainda não estejam com ordem de venda configurada, selecione em seu HB a opção do book de ofertas, da mesma forma que faria o processo de vendas de suas ações.

Na opção do Tipo de Ordem selecione a opção Start/Stop Simultâneo.

Faça a configuração de vendas indicando a quantidade e a data de validade de sua ordem.

No campo Preço de Gain, determine qual o valor limite de ganhos deseja ter com essa ação. Como estamos falando de investimentos em longo prazo e não especulação, é provável que você não deseje vender essas ações, nesse caso coloque um valor que seja improvável que a ação atinja nesse período, porém não um valor incoerente para não correr o risco de a ordem ser rejeitada.

No campo Preço Limite de Loss, determine qual o valor de perda é aceitável para suas ações, lembrando que se colocar um valor muito próximo ao da variação do mercado, provavelmente sua ordem será executada, então seja coerente com sua estratégia e tenha ciência que um pequeno vale em algum momento pode te tirar do investimento.

Como segurança, sempre opere com Stop Loss configurado, isso protegerá seu patrimônio e garantirá seu crescimento em longo prazo.

Em nosso exemplo, a configuração do investidor para Stop Loss de venda das ações da WEG, buscando garantir um prejuízo mínimo em caso de queda no período de janeiro, com um valor improvável de lucro, pensando no investimento de longo prazo.

QUANTO CUSTA INVESTIR

"Regra número1: nunca perca dinheiro. Regra número2: nunca esqueça a regra número 1" Warren Buffett

Quais são as taxas e impostos sobre as operações? É muito importante ter a dimensão dos custos envolvidos nas movimentações de compra e venda de ações, bem como as responsabilidades quanto a retenção e pagamento dos impostos, uma vez que se isso não for feito corretamente, em um futuro próximo poderá gerar várias complicações fiscais para o investidor.

Considerando que hoje há diversas opções de corretoras com taxa zero, talvez essa seja a melhor opção para quem está começando, pois permite realizar negociações de menores valores até o concreto aprendizado. Porém como a qualidade dessas corretoras vem evoluindo com o passar do tempo, muitos investidores têm se mantido fiéis a elas.

Desconsiderando a taxa de corretagem, estão envolvidos custos de emolumento 0,00038474% e liquidação 0,19374%, esses valores foram apurados na data em que escrevo esse material e podem ter alguma variação no momento em que você realizará os seus investimentos. Além disso, o investidor deve ficar atento à questão do imposto de renda, que tem algumas regras.

Operação comum (Swing Trade) - Existe isenção de imposto até o limite de R$ 20.000,00 de movimentação mensal, para esse cálculo são consideradas apenas as negociações de VENDA, ultrapassando este valor será tributado 15% de imposto sobre o lucro realizado no período. Aqui vale lembrar que em toda negociação de venda há uma retenção de 0,005%, que serve como controle para a Receita Federal checar as suas movimentações. Posteriormente esse pequeno valor pode ser recuperado em sua declaração de IR. Atenção, esta isenção somente é válida para as ações listadas na B3, para as BDR´s, que são as ações listadas em bolsas estrangeiras e comercializadas no Brasil, ela não é válida. Caso suas operações de venda superem o limite estipulado, você deve fazer a apuração dos lucros e gerar uma DARF para pagar o imposto devido, registrando tudo, para posteriormente lançar em sua declaração anual. Prejuízos em meses passados, na mesma modalidade de operação (Swing trade com Swing Trade, Day trade com Day trade, etc....), podem ser abatidos no cálculo do mês presente, porém como as regras costumam mudar em nosso país, vale uma consulta aos sites dos órgãos competentes quando precisar gerar um pagamento.

Operação Day trade - Imposto de 20% sobre o lucro mensal, sem limite de isenção, recolhido via DARF no mês seguinte. Vale lembrar que a apuração do imposto devido fica por conta do investidor e que a corretora é obrigada a recolher 1% deste imposto na fonte, dando ao leão total controle sobre as informações de imposto devido.

ENFIM, INVESTIR NA BOLSA VALE A PENA?

Chegamos ao final dessa jornada, espero que possa ter ajudado você a ampliar um pouco do seu conhecimento, compartilhando o que aprendi durante o tempo em que venho investindo. Como mencionei no início deste livro, as informações são introdutórias e o verdadeiro conhecimento vem com o dia a dia, operando no mercado, investindo não só dinheiro nas empresas, mas no tempo em aprendizado, gerando a confiança necessária para garantir bons resultados no futuro. Espero ter alcançado o objetivo inicial de desmistificar um pouco desse universo e mostrar que ele não é tão complexo quanto aparenta ser.

Se vale a pena investir na bolsa? Digo que do meu ponto de vista, sim! Apesar de todos os cenários econômicos desfavoráveis, as empresas sempre projetam e/ou almejam um crescimento acima da inflação e farão todo o possível para alcançá-lo. Estar junto delas, sendo seu sócio, é uma forma de proteger o seu capital e, quem sabe em alguns casos, elevar seu patrimônio financeiro bem acima da média. Claro, como você pode ler até aqui, com segurança, diversificação e planejamento, consciente dos riscos e sempre buscando minimizá-los.

Bons investimentos!

P.S. Se você gostou do conteúdo ou não, ficou com alguma dúvida, tem críticas que podem melhorar e ajudar outras pessoas a investir melhor ou deseja de alguma forma positiva contribuir para uma discussão construtiva sobre o tema, fique a vontade para enviar um email e terei o maior prazer em conversar com você.

fabiomendes@workmail.com

SOBRE O AUTOR

Fabio Mendes

Empreendedor e investidor amador na bolsa de valores. Formado em Marketing pela FAE-PR e pós-graduado com MBA em Gestão de Empresas pela Universidade Positivo.

www.ingramcontent.com/pod-product-compliance
Lightning Source LLC
Chambersburg PA
CBHW070454220526
45466CB00004B/1823